G. DE BEAU[illegible]

ET SON

[illegible]ÈVE DE LA NATURE [illegible]

By

ÉMILE LEGOUIS

The Taylorian Lecture 1925

OXFORD
AT THE CLARENDON PRESS
1925

G. G. DE BEAURIEU

ET SON

ÉLÈVE DE LA NATURE, 1763

By

ÉMILE LEGOUIS

The Taylorian Lecture 1925

OXFORD
AT THE CLARENDON PRESS
1925

Oxford University Press
London Edinburgh Glasgow Copenhagen
New York Toronto Melbourne Cape Town
Bombay Calcutta Madras Shanghai
Humphrey Milford Publisher to the University

Un disciple compromettant de J.-J. Rousseau ; Gaspard Guillard de Beaurieu et son Élève de la Nature.

QUEL état d'esprit a préparé et rendu possible la Révolution française ? Comment des millions d'hommes sont-ils arrivés à se mettre d'accord sur l'avantage qu'il y aurait à jeter bas la civilisation et à refaire une société toute neuve, sur la table rase, en repartant de rien ? Bien des livres ont répondu de manière diverse à ces questions. Il n'en est pas peut-être qui l'aient fait de façon plus satisfaisante pour l'esprit que ceux de M. Chinard sur *L'exotisme américain dans la littérature française.* C'est là que l'on voit le mieux se former, dans des récits véridiques aussi bien que dans des romans, les notions de plus en plus admises et répandues sur l'excellence de l'homme sauvage, sur la supériorité d'une vie toute conforme à la nature, sur ce devoir social qui consisterait à abolir la société. On va dans une première étape des narrations des explorateurs du Nouveau monde à Jean-Jacques Rousseau ; dans une seconde, de Jean-Jacques à Quatre-vingt-neuf.

Toute la partie subversive de l'œuvre de Rousseau apparaît comme préparée par les relations le plus souvent idylliques que les missionnaires, récollets ou jésuites, avaient faites des Indiens, particulièrement des Peaux-Rouges parmi lesquels ils avaient séjourné et en lesquels ils avaient cru reconnaître les vertus de l'homme naturel, non perverti par la civilisation. Le rôle des pères jésuites—ceux qu'on a pu appeler les jésuites philosophes—les Lafitau, les Buffier, les Charlevoix, est si proéminent qu'on pourrait presque sans paradoxe voir en eux les auteurs responsables de la Révolution. Mais il faut se garder de croire qu'ils aient été les seuls. Un homme tout pratique, comme ce M. Denys, qui s'intitule

Gouverneur Lieutenant Général pour le Roi, et qui consacre le premier de ses deux volumes en 1672 à la pêche à la morue, le second à l'histoire naturelle des côtes de l'Amérique septentrionale, termine sa description par un chapitre sur « la différence qu'il y a entre les coustumes anciennes des Sauvages et celles d'à présent », et il y place, probablement sans malice aucune, des remarques comme celles-ci dont la force explosive, pour peu qu'il y tombât une étincelle, ne saurait être exagérée :

> « La loy qu'ils (les Sauvages) observaient anciennement estoit celle de ne faire à autruy que ce qu'ils souhaitaient leur estre fait ; ils n'avoient aucun culte ; tous vivaient en bonne amitié et intelligence ; ils ne se refusaient rien les uns aux autres... Ils vivaient dans la pureté, les femmes estoient fidelles à leurs maris et les filles fort chastes... A présent ils se saoulent, se battent et s'assomment, sont devenus voleurs, se querellent pour des riens ; quant aux femmes, elles sont entièrement perdues,... elles sont larronesses et fourbes et n'ont plus la pureté du passé. Ils se vengent les uns des autres, dépouillent les étrangers quand ils peuvent, au lieu de les accueillir comme des frères, et ceux qui sont allés en France, et que les matelots ont promenés, pour s'amuser, dans des cabarets et des lieux infâmes, répondent, quand on leur fait des reproches, que nous en faisons bien d'autres. »[1]

Multipliez les passages de ce genre et vous arrivez sans surprise à la fameuse déclaration de Rousseau que « la nature a fait l'homme heureux et bon, mais que la société le déprave et le rend misérable, » — déclaration qui est la base de son *Contrat Social* comme de son *Émile*, et en somme de toute son œuvre.

Les romans ajoutent leur impulsion à la secousse donnée par les narrations authentiques : romans d'imagination, romans utopiques qui n'attendent pas

[1] G. Chinard, *L'Amérique et le rêve exotique dans la littérature française au XVIIe et au XVIIIe siècle.* Paris, 1913, pp. 156.

Rousseau pour se produire, car il en est de 1667 comme *L'Histoire des Sévérambes* par Vairasse; de 1699 comme le *Télémaque* de Fénelon, avec sa fameuse utopie de la Bétique; de 1731 comme *Le Philosophe anglais ou Histoire de M. Cleveland* par l'abbé Prévost; de 1738, comme *Les Aventures du Sieur Lebeau.* Mais c'est surtout après Rousseau que le roman se fonde essentiellement sur le contraste entre l'homme naturel et le civilisé. Voltaire lui-même, bien qu'il ait souvent fustigé Rousseau de son ironie, cède à la tentation du genre quand il écrit *Le Huron ou l'Ingénu*, la même année 1767 où Sébastien Mercier publie son *Homme Sauvage.* Dans ce dernier livre on voit le vieil Azeb, de la tribu des Chébutois, horrifié par les crimes des Européens dévastateurs de son pays, qui décide d'élever ses enfants dans une ignorance complète du reste du monde. Il les abandonnera aux leçons de la bonne et sage nature, persuadé « que tout ce qu'elle a fait est bien fait, et que ce n'est qu'en la contredisant que nous nous sommes ouvert la source de tant de maux. »[1]

C'est à cette littérature romanesque qui a suivi de près les écrits retentissants de Rousseau qu'appartient le livre sur lequel j'appelle votre attention. Il est de si piètre valeur, mieux fait pour éveiller le sourire par son absurdité que l'admiration par son éloquence, que j'ai le devoir de m'en excuser. Mais, outre qu'on peut être pardonné de présenter un ouvrage qui amuse, fût-ce involontairement, les réflexions qui précèdent me serviront de justification. Parmi les nombreuses utopies que le XVIIIe siècle vit éclore, il n'en est pas de si naïve ou même de si niaise qui soit tout à fait indigne d'arrêter l'esprit. Chacune collabora en quelque sorte au drame révolutionnaire, car elle fut à sa mesure force attractive et cause d'action. Peut-être même ne sont-ce pas les plus

[1] Ibid., p. 414.

profonds et les plus glorieux de ces rêves de régénération qui nous font le mieux connaître l'état d'illusion spécial où se complaisait le public inférieur (partant le plus considérable) de ceux qui savaient lire et croyaient penser aux abords de 1789. Entre ce public et les écrivains de premier rang, il y avait des intermédiaires plus aisément compris, étant de niveau avec des intelligences médiocres et des imaginations enfantines. Les romans philosophiques d'un Rousseau, tout éloquents et vivants qu'ils fussent, étaient encore trop abstraits et trop sévères pour la plupart des esprits. Il a beau nous paraître aujourd'hui d'une logique parfois bien croulante et d'une invention bien chimérique, son *Émile* offrait en somme une nourriture trop forte et substantielle pour le grand nombre. Combien ne le connurent qu'à travers quelque imitation ingénument caricaturale comme *L'Élève de la Nature* de Gaspard Guillard de Beaurieu !

Sentimental et naïf Beaurieu ! Ce fils de l'Artois, qui naquit à Saint-Pol en 1728, était animé d'un honnête enthousiasme qui garde encore de nos jours je ne sais quoi de touchant aux rêveries saugrenues dont il fit part à ses contemporains. Il aima sincèrement le campagne avant de devenir une des plus insignes dupes de la *Nature*. Et certes il eut quelque mérite à servir d'un culte idolâtre celle qui l'avait crié « contrefait comme Ésope, boiteux, d'une laideur repoussante ». Son incurable optimisme n'était pas affaire de simple doctrine ; il coulait dans son sang et colorait sa misérable vie. Il se consolait de sa ressemblance avec Ésope en lançant comme lui ses saillies contre les travers de la société, et tirait avantage de sa laideur en la relevant par l'excentricité du costume. Avec son chapeau de Crispin, son manteau à l'espagnole, ses souliers carrés et son haut-de-chausses du temps de François Ier, il goûtait la jouissance d'être une vivante protestation contre l'artificiel de la mode, et sans doute croyait en s'éloignant du coutumier se rapprocher du naturel. Il vécut sans amertume dans l'indigence, « ayant trop aimé l'honneur et le bonheur pour avoir jamais pu aimer les richesses ». Il eut vraiment l'amour des enfants, pour lesquels il essaya ou rêva d'étranges éducations nouvelles. De la réforme de l'enfance, il passa par une transition aisée à celle de la société. A l'aube de la Révolution il espéra voir s'établir sur le sol français quelque république agricole aux fermes espacées, débarrassée des villes corruptrices, un état patriarcal aux mœurs pures et simples, pareil à cette région favorisée de l'Amérique du Nord que, trompé par son journal préféré, *Les Ephémérides du Citoyen*, il plaçait d'abord étourdiment dans l'État de New-York avant d'être corrigé par le grand Benjamin Franklin en personne, et d'identifier définitivement ce paradis terrestre avec « l'heureuse Virginie ». La Terreur ne réussit pas à le désabuser. Quand la Convention ouvrit l'École normale, on le vit, vieil écolier de soixante-six ans, s'asseoir sur les bancs; et il était à la veille de mourir à l'hôpital de la Charité, en 1795. La mort seule put arrêter les jeux de son utopique cervelle.

Or, quelque trente ans plus tôt, en 1763, Beaurieu, — tout chaud de la lecture de l'*Émile* qui avait paru l'année précédente, hanté par le souvenir des aventures du Robinson Crusoë, la cervelle farcie de force romans utopiques, stimulé d'ailleurs par de vagues notions de Locke sur la formation des idées et de Shaftesbury sur le sens moral qui porte l'homme à désirer le bonheur des autres êtres, — avait imaginé ce que pourrait devenir, de cœur et de tête, un enfant confié à la seule discipline de la nature, et il avait écrit le curieux roman dont nous voudrions donner un aperçu.

C'est, comme il convient, sur le sol britannique que Beaurieu fait germer l'idée hardie de cette éducation nouvelle. Les intrépides extirpateurs de préjugés sociaux tendaient à être dans le roman d'alors aussi inévitablement anglais que l'ont été de nos jours les coureurs d'aventures merveilleuses célébrés par un Jules Verne. Mais le patriotisme français aurait tort de s'alarmer : le père du héros a du sang de huguenot dans les veines ; il revient à la France une part de lui, quoique ses ancêtres aient anglicisé leur caractère et, croient-ils, jusqu'à leur nom pour prendre celui de Willams (*sic*). Peut-être avons-nous le droit de revendiquer la moitié sensible de son être qui fait un heureux équilibre à son impassibilité d'expérimentateur. Il est capable de chérir son enfant comme Abraham chérissait Isaac, sans hésiter d'ailleurs à le sacrifier sur l'autel de la déesse Nature. Oyez-le raconter à son fils devenu homme l'origine de l'éducation très spéciale qu'il lui a donnée :

> « Tu as quatre sœurs et deux frères, tu es leur cadet. J'avois obtenu de ma femme, au moment de notre mariage, que si jamais nous avions plus de six enfans, elle me permît de rendre à la nature, d'abandonner au seul instinct, tous ceux que nous aurions ensuite ; tu fus le septième et dernier ; j'ai tenu parole, et tout en toi m'annonce que j'aurois tort de m'en repentir . . . Tu dois trouver dans mes derniers mots l'éloge de ta mère et le mien. Si elle était une femme ordinaire, une femme à vapeurs, une femme à grands sentimens de parade, et rien de plus, elle n'auroit pu faire le sacrifice que j'exigeois d'elle. »

La France constatera avec fierté que cette mère antique, digne compagne de l'énergique Willams, est aussi sienne à moitié. Elle est issue du même heureux croisement de races anglaise et française que son mari. Tous les deux sont d'accord pour faire de leur fils une preuve vivante des vérités enseignées par Rousseau. Ce fils viendra « prouver aux hommes, par son exemple, qu'ils naissent bons, sensibles, vertueux ; que l'éducation la plus parfaite n'est point celle qui leur donne ce qu'on peut appeler *des talents et des vertus à grand bruit*, mais celle qui éloigne d'eux les vices de la société, qui les rapproche de la nature et qui les remet, pour ainsi dire, entre ses mains. »

Tel étant le but, admirables de fermeté et de décision sont les moyens. Ici Rousseau est laissé loin. Quelle transaction regrettable, quel timide pis-aller que l'éducation de son Émile mal préservé du funeste contact humain par les soins d'un précepteur, vigilant sans doute, mais qui a l'irrémédiable tare d'être lui-même un homme! Plus de ces demi-termes. Avant qu'il ait pu recevoir la moindre empreinte et garder le plus petit souvenir, l'innocent objet de la grande expérience est enfermé dans une cage de bois « exactement fermée de toutes parts ».

« J'y étois nud, nous dit-il, mais un poêle allumé pendant tout l'hiver, échauffoit la chambre où étoit ma cage. La paille sur laquelle je couchois fut toujours la même pendant au moins douze ans que j'y restai! On m'en donnoit seulement une nouvelle botte tous les six ou huit mois. Je la trouvais à mon réveil; on la faisoit descendre sans bruit pendant que je dormois, en levant une trappe qui couvroit ma cage. Mais on n'auroit pas pu enlever la paille que j'avois déjà, sans m'éveiller, et il étoit ordonné que je ne visse, ni n'entendisse jamais personne, jusqu'au jour où l'on devoit me rendre tout à fait à la société. »

Si cette paille permanente vous inquiète, de Beaurieu a une note qui vous rassurera:

« Pour ne rien laisser d'inconnu à ceux de mes lecteurs qui veulent être instruits de tout, et qui prouvent par là qu'ils lisent avec réflexion, je crois devoir les avertir que j'avois *des lieux à l'angloise*, mais sans siège, c'étoit une pierre taillée en évier, placée au fond de ma cage, et inclinée en dehors, de manière que rien n'y pouvoit rester. »

Grâce à un mécanisme semblable au tour des couvents, l'enfant reçoit sa nourriture sans voir qui la lui apporte.

Ou plutôt il y a deux tours superposés dont le plus bas lui sert jusqu'a neuf ans environ, le plus haut de neuf à quinze ans. Une petite « boëte » de carton, posée sur une tablette à la hauteur de quatre ou cinq pieds, et qu'il lui faudra grandir pour atteindre, lui permettra de se rendre compte de son accroissement.

C'est là tout le mobilier, pas très *naturel* peut-être, mais à coup sûr suffisamment réduit. La vie est, dans cette cage, simple et sans évènements. L'enfant s'y développe en liberté (?). Il tient du singe et du perroquet. Dans l'eau de sa cuvette il aperçoit un jour son visage et prend plaisir à lui faire répéter ses sourires et ses grimaces. Une autre fois, les domestiques invisibles chargés de le nourrir l'ayant taquiné en faisant mine de lui retirer sa portion quotidienne, il a entendu une voix lointaine (inconnue, mais instinctivement chère), la voix de son père, leur crier : *Qu'on l'laisse en repos !* Et ces mots dont il ignore le sens se sont gravés dans son oreille ; il se les répète pour son plaisir tout le long du jour et les met en musique. Ce sera le seul langage de sa jeunesse. Gardons-les en mémoire, car ils reviendront comme un *leit-motiv* à travers ses aventures.

Régime bien rigoureux, murmureront des parents sans héroïsme. Qu'ils se gardent toutefois d'imputer au père et à la mère du prisonnier la moindre dureté de cœur. Rappelez-vous qu'à leur fermeté britannique s'allie la sensibilité française. C'est l'âme débordante de tendresse qu'ils poursuivent la sévère expérience :

> « Tu étois notre fils, expliquera plus tard Willams à son enfant, nous voulions que tu fusses encore celui de la nature, juge combien à ce double titre nous devions t'aimer ! Ah ! si tu avois vu avec quel empressement nous venions plusieurs fois chaque jour te regarder, t'observer, par des petites ouvertures que nous avions fait faire au haut de ta loge ! »

D'ailleurs le séjour de l'enfant dans la cage n'est dans leur idée que le préambule nécessaire de l'éducation naturelle qu'ils entendent lui donner. C'est comme le noviciat par lequel on le prépare à la consécration définitive. Quand il a quinze ans, la cage, avec son hôte effaré, est descendue dans la cale d'un vaisseau et, après avoir été ballottée trois semaines sur les vagues, est débarquée dans une île déserte. La voici maintenant qui s'ouvre et laisse échapper le captif enfin remis aux mains de la nature le 6 mai de l'année 1739,—grande date pour l'humanité ! C'est dans cette île perdue que pendant dix ans il doit, selon les desseins de son père, « continuer son cours de philosophie ».

Ici, pensons-nous, c'en est vraiment fait de l'intervention humaine, même indirecte et masquée. Plus rien qui doive gêner désormais la libre action de la nature sur celui qui lui est confié.

Il n'en est pas tout à fait ainsi. Par une faiblesse dont il a dû rougir s'il en a eu conscience, Willams a cru devoir préparer les lieux pour l'enfant dès sa naissance. L'île est légèrement truquée. On y a fait des chasses générales par lesquelles on a détruit tous les animaux nuisibles. On y a aussi abattu la plupart des vieux arbres pour y substituer de jeunes plants. On est même descendu à des précautions plus humbles et plus menues. Ce sont, autour de la cage d'où il va sortir, des fruits suspendus aux branches par des fils afin que l'émancipé apprenne par cette leçon de choses à chercher dorénavant sa nourriture parmi les arbres et les haies. C'est un chien laissé près de là, à l'attache, pour épargner à l'adolescent la surprise et la peur de voir cette bête inconnue s'élancer vers lui avec impétuosité : « On était sûr, nous dit-il, que je ne manquerois pas d'aller de ce côté-là quand j'aurois faim, et on se doutoit bien qu'un homme naturel étoit trop bon, trop sensible, pour voir un animal privé de la liberté et ne pas la lui rendre. » On a encore déposé pour lui dans l'île, mais à une certaine distance de sa cage cette fois, une grande serpe soigneusement cachée entre des pierres : « On l'y avoit sans doute mise le jour de mon débarquement et l'on avoit eù l'attention de la mettre ainsi un peu loin du lieu où l'on devoit me descendre afin que je ne la trouvasse qu'après quelque temps, et lorsque j'aurois acquis par l'expérience assez de lumières pour deviner l'usage de cet instrument et ne m'en pas blesser. » Willams lui-même n'aurait-il qu'une confiance limitée dans les leçons directes de la nature ? Quelquefois, vous le voyez, il rejoint Rousseau par l'ingénieuse façon dont il ruse avec elle.

Mais ne chicanons pas. A ces exceptions près, l'île est vierge d'empreintes humaines. C'est en pleine solitude que l'adolescent apprend à connaître et à sentir? Douterez-vous, hommes de peu de foi, que son intelligence n'y fonctionne bien et que ses sentiments n'y soient purs et généreux ?

Il est bon logicien et voit clair en lui-même. Un romancier de nos jours représenterait un être pareil avec la conscience obscure de la bête. Mais la nature était pour le XVIIIe siècle à peu près exactement le contraire de ce qu'elle est pour le nôtre. Conçue alors comme l'antithèse de la civilisation, elle se ressentait étrangement de la négation qui lui avait donné naissance. Vidée de tout préjugé, de toute routine, voire même de toute expérience et de tout passé, elle arrivait à n'être qu'une forme sans substance où se reflétait à son gré l'intelligence courte et claire de l'individu. L'homme admirait naïvement en elle sa propre petite raison projetée sur le vide. Celle dont l'infinie et ténébreuse complexité nous confond était donc alors synonyme de tout ce qui est simple, manifeste, lumineux. Aussi ne s'étonnera-t-on pas de voir son disciple raisonner avec justesse sur tous les phénomènes qui tombent sous ses sens. Dans sa cage, nous dit-il, il se contentait encore « d'accumuler des faits ». Mais à peine libre, son esprit éprouve une expansion analogue à celle de son corps. Il est maintenant curieux du pourquoi des choses. Ce n'est plus le Robinson primitif dont les mains actives créèrent autour de lui une sorte de civilisation matérielle en plein désert. C'est un Robinson qui n'agit guère et qui pense beaucoup, plus enclin à questionner les choses qu'à tirer parti d'elles pour se faire une installation confortable. Si dans ses conjectures il se porte vers quelques erreurs, il ne cesse de s'élever avec une agilité merveilleuse sur l'échelle des causes, découvrant les lois de la perspective, la raison de l'ombre que fait son corps sur le sol, de la disparition quotidienne de la lumière, de la décomposition des êtres vivants, remontant de la terre au soleil, et du soleil au Dieu du Vicaire savoyard. Quelques rêveries poétiques sur l'origine de la rosée, de la neige et de l'écho sont à peu près tout ce qui le fait retarder un peu sur les physiciens de son époque.

C'est ici la partie sérieuse entre toutes du roman, celle où le brave Beaurieu a sûrement mis le plus profond de sa philosophie. Il convient donc de montrer par une citation les raisonnements intérieurs qu'il prête à son silencieux héros. Voyez comment celui-ci, sans autre aide que son bon sens, se rend compte des conditions et des raisons de la perspective. Il s'est d'abord fâché contre ses yeux qui lui montraient le même objet tantôt grand, tantôt petit. Mais il réfléchit et voici la suite de ses réflexions : C'est une application du fameux « Je pense, donc je suis » de Descartes :

« Je suis un être parfait. Le jeu de tous mes organes est admirable ; il règne, et entr'eux et dans les fonctions de chacun d'eux, un accord, une harmonie qui fait mon bonheur. Seroit-il possible que le plus beau d'entr'eux, mon œil, fût vicié ? Non, il faut sans doute que pour mon propre avantage, plus les objets sont éloignés, plus ils me paraissent petits, et je crois qu'en voici la raison. Si, à la plus grande distance, je les voyais tels qu'ils sont, je n'en pourrois voir que cinq ou six à la fois, ils rempliroient toute ma vue ; encore ne les verrois-je que confusément : il vaut bien mieux que ma vue s'étende librement et puisse parcourir en détail tout ce bel et grand cercle que le ciel couvre. L'expérience m'apprend que plus un objet est vu de loin, plus il me paraît petit : eh bien ! je multiplierai la grandeur apparente des corps par la distance d'où je les verrai, et j'aurai leur grandeur réelle et je ne me tromperai plus. »

Qu'il est donc simple d'arriver aux théorèmes et combien superflue l'usure des culottes sur les bancs de l'école ! Mais Beaurieu n'oublie pas, même en ces graves endroits, qu'il est aussi romancier, et il mêle agréablement à sa leçon philosophique une fantaisie d'où il tire d'ailleurs de nouvelles leçons de sagesse. Son Élève n'a pas plus tôt résolu le problème de la perspective qu'il ajoute :

« Je fus si ravi d'avoir fait ce raisonnement, quoique d'une manière encore plus faible que je ne viens de le rendre, que dans un transport d'admiration pour moi-même je m'écriai : *Qu'on l'laisse en repos !* Je commençais à ne plus répéter si souvent ni si volontiers ce mot qui m'avoit d'abord paru si agréable : tant il est vrai que les plaisirs, même les plus vifs, s'émoussent par l'habitude, et que la modération dans leur usage est le seul moyen d'en prévenir la satiété ! »

Ainsi va rapidement s'aiguisant l'intelligence du jeune homme. Si toutefois il pèse encore sur sa raison, comme il a été dit, quelques voiles qu'il n'a pas pu soulever tout seul, il est une chose par laquelle il dépasse sans effort et du premier coup les élèves des hommes : il est vertueux infailliblement, comme on a deux mains et dix doigts. La bonté avec toutes ses délicatesses lui est innée et il en a conscience (oh combien !). A dire vrai, quand il vivait en cage il était enclin à se croire l'être unique et à faire de lui le centre du monde. Un jour il s'est emporté jusqu'à la fureur en ne trouvant pas son tour garni d'aliments à l'heure accoutumée. Il a eu des velléités de vengeance contre les inconnus qui le négligeaient. Mais la nature qui veille (celle de Shaftesbury) eut vite refréné ces élans mauvais, triste legs, apparemment, de la vie artificielle menée par ses ascendants : « L'humanité et la reconnaissance l'emportèrent dans mon cœur. » Il a même des attentions aimables pour ceux qui le servent ; afin de faciliter leur tâche, il place à portée de leurs mains le vase d'eau qu'on lui remplit chaque nuit : « Je trouvois un plaisir délicat à épargner de la peine à ceux qui étoient chargés de me servir ; je m'applaudissois de ce sentiment. » Une autre fois, la négligence des domestiques s'étant répétée, ce fut de sa part même mouvement de colère suivi de même pardon :

> « Nous autres hommes naturels ne sommes pas vindicatifs. Notre cœur est une tablette où sont écrits d'un côté les bienfaits que nous recevons ; sur le revers sont les injures, et nous ne tournons jamais cette tablette. »

Toutefois certains voyageurs font courir de vilains bruits sur les indigènes des régions bénies où la civilisation n'a pas pénétré. Beaurieu s'attend à l'objection, il a lu ses textes et il répond par cette note triomphante :

> « On pourroit opposer au bien que je dis ici des hommes naturels des faits qui semblent être contre eux. On voit, par exemple, en Amérique, un sauvage rester huit jours derrière un arbre pour attendre un Espagnol ou un Portugais, qu'il veut tuer seulement en haine de sa nation. Mais les Américains sont-ils encore des hommes naturels, et n'est-ce point les Espagnols et les Portugais qui les ont tirés de cet heureux état ? »

Notre héros n'en a pas été tiré, lui ; aussi a-t-il une chaleureuse sympathie qui s'étend sur toutes les créatures. Avec une petite mouche qui s'était introduite étourdiment dans sa cage il avait naguère fait « une espèce d'amitié plus vraie que n'est souvent celle des hommes ». Sa tendresse déborde maintenant jusque sur le monde végétal. A-t-il malmené un pauvre arbre qui lui semble s'obstiner à retenir ses fruits, il se le reproche aussitôt :

> « Tu as bien tort, me dis-je, ayant si bonne idée de toi-même, d'en avoir une si désavantageuse des autres êtres. Cette réflexion me fut agréable, je m'applaudis de l'avoir faite. Plus elle me portoit à former de doux nœuds avec tout ce qui m'environnoit, plus elle étendoit la sphère de mon bonheur. »

Rien d'étonnant si à la tendresse s'allie chez l'homme naturel (surtout lorsqu'il fut élevé en cage) un indomptable amour de la liberté. Notre héros (est-il besoin de le dire ?) possède cet amour. Mais on est plus surpris de trouver chez lui ces vertus secondaires qui passent pour l'apanage de l'homme civilisé et par lesquelles il se console, dit-on, du manque des vertus capitales. La propreté est du nombre. Non seulement le disciple a d'instinct deviné l'emploi de l'évier mis dans sa cage ; non seulement il a commencé à se laver dès le jour où il se fut éclaboussé avec l'eau de son gobelet, mais peu s'en faut que dans son île déserte il n'importe la brosse à dents :

> « Je rinçois tous les jours ma bouche ; je m'en étois fait un amusement. C'est une des plus saines opérations de la propreté, je remercie la nature de me l'avoir apprise. »

L'homme naturel ne s'en tient pas à la stricte propreté, il va jusqu'à la coquetterie. Il aime à se mirer dans l'eau, car, dit-il, « la tête d'un homme vue par une imagination aussi neuve et aussi peu troublée que l'étoit la mienne, est vraiment une belle chose. » Quand il se voit tout entier dans la mer son admiration augmente ; en effet, nous dit une note : « L'homme naturel est ordinairement content de lui-même et il a le droit de l'être : L'amour-propre est pour lui un bienfait de la Providence. » Il ne manque pas d'une certaine recherche dans sa mise quand il consent à voiler son beau corps. Entre deux peaux d'ours, l'une noire et l'autre brune, qui lui ont été laissées pour se vêtir l'hiver, il choisira la noire, « parce que ma main, quand je la posois dessus, me paroissoit plus blanche. On a un peu de vanité même dans une île déserte, et ce n'est pas un mal. »

Mais ce qu'il nous tarde d'apprendre, c'est comment l'homme naturel ressent et pratique celui de tous les sentiments que la civilisation a le plus perverti, comment il éprouve l'amour. Il eût été invraisemblable qu'un roman du XVIIIe siècle ne s'étendît pas avec complaisance sur cette question et qu'il ne reflétât rien de cette sensiblerie mêlée de sensualité et de vertueuse déclamation qui était la marque de l'époque. L'excellent Beaurieu se donne ici carrière, avec tant d'optimisme attendri, avec tant d'impétueuse allégresse, avec un si amusant effort aussi pour conserver çà et là les traits du naturalisme dans sa fiction romanesque, qu'il désarme la critique.

Le héros est fort obsédé par l'amour même avant de le connaître. La nature l'insinue peu à peu en lui, soit par quelque songe troublant, d'une précision suggestive, soit en faisant se becqueter devant ses yeux de tendres tourterelles, s'ébattre curieusement une biche et un cerf, soit encore en lui révélant le mystère de la génération, l'œuf qui éclot, le flanc de la biche qui s'ouvre pour laisser sortir le faon. L'obsession va croissant à chaque découverte ; la solitude lui devient pesante ; la mélancolie parfois l'envahit. Le moment est venu de lui présenter Julie. Un coin de l'île naguère déserte est maintenant habité par deux naufragés, un vieillard et sa fille, des civilisés (hélas !), mais que la nécessité a rendus presque naturels. Au costume et au langage près, ils sont dignes d'être mis en présence du héros. Un jour que celui-ci est parti pour une expédition (il est tout nu, car c'est l'été, et il a quitté sa peau d'ours noir), il tombe dans un filet tendu par Julie pour une tout autre capture. Le filet en s'abattant fait tinter une sonnette inquiétante :

« Non, non, je n'avois rien à craindre... De quel bonheur au contraire j'allois jouir !... J'entends marcher, je regarde ... je vois une femme !

Sa beauté m'enchante, je perds l'usage de tous mes sens ; je crois que j'aurois perdu la vue même, si le bizarre assemblage de ses habits n'eût modéré mon admiration et mes transports. Je fais un élan pour me dégager, pour voler dans ses bras : je lui tends les miens, sans avoir la force de prononcer même les seuls mots que je savois, et qui me revenoient toujours dans les grandes occasions. Julie s'arrête, elle pleure aussi, puis se tournant du côté d'où elle est venue, elle fait un signe empressé et se tourne encore vers moi... Le feu de ses yeux embrasoit mon âme. Je luttois de toute ma force contre le fatal obstacle qui me séparoit d'elle ; je la voyois combattue, et par le désir de venir à mon secours et par la crainte de ce qui en arriveroit. Elle avance, elle recule.

Un vieillard (c'étoit son père) accourt, il vient à elle en haletant. Il me regarde : il voit les efforts que je fais ; il craint pour elle et pour lui-même ; il l'embrasse et lui parle avec action, et l'envoie dans sa cabane. Je pleure, je me prosterne devant le vieillard, je lui tends des mains suppliantes, la douleur m'avoit ôté la parole, et la parole m'est rendue par l'excès même de la douleur, je lui crie d'une voix étouffée de soupirs : *qu'on l'laisse en r'pos*, et tout cela c'étoit pour lui demander Julie. »

Mais le vieil Euphémon n'est pas amoureux, lui ; la vue du jeune homme tout nu, ses gestes et ses cris bizarres, l'effraient. Il le frappe d'une épée que Julie lui apporte de la cabane ; elle-même sur son ordre blesse à contre-cœur avec une autre arme le beau sauvage. Le voici garrotté, mais sans peur, car il lit dans les yeux de ses geôliers l'intention de ne pas lui faire d'autre mal.

« Un homme naturel, nous explique-t-il, ne se trompe guère sur ce que disent les yeux. » On s'empresse maintenant de soigner ses blessures :

« Julie commença par celle de l'épaule, elle y porta ses mains pour étancher le sang... J'éprouve aussitôt après une autre sensation plus douce encore, un frémissement délicieux... Julie me l'a avoué depuis, c'étoit un baiser de sa bouche... Je regardois Julie, je pleurois, j'avois saisi une de ses mains que je couvrois de baisers ; je ne pouvois étant lié la tenir que faiblement, elle me l'eût arrachée sans peine : mais peut-on, dans une Isle déserte, résister à l'amour ? »

La flamme de la passion dévore le cœur vierge du héros. Il en oublie, lui si observateur de tout objet nouveau, de regarder avec attention certaine « jatte de faïence » dans laquelle Euphémon apporte de l'eau pour laver ses plaies : « C'est un malheur d'avoir passé toute sa jeunesse sans voir de femmes : il en coûte la liberté et la raison quand on en voit une. » Suit une cour rapide dans laquelle le jeune homme déclare sa passion par des *qu'on l'laisse en r'pos* tendrement modulés. Julie n'est pas insensible à d'aussi éloquents appels, auxquels se joint l'ineffable langage des yeux et des gestes. Elle se consume avec lui. Le bon Euphémon trouve utile d'accélérer le mariage ; il fait taire sans peine les pudiques objections de sa fille, et huit jours après la capture du solitaire, ayant joint lui-même leurs mains, il sort pour laisser seuls les deux époux : « Nœud sacré de la Nature, vous nous unîtes en ce moment ! La pudeur et la délicatesse, compagnes inséparables de la vraie volupté, rendirent nos plaisirs plus piquants et plus vifs. L'amour et la vertu scellèrent notre union. » L'île est assurée de ne pas demeurer déserte.

Ici Beaurieu est dans la tradition du roman utopique qui volontiers substitue au mariage formel une sorte d'union libre ou remplace les rites coutumiers par une bénédiction patriarcale sous l'œil bienveillant de la Nature. L'abbé Prévost en avait donné un avant-goût dans son *Cleveland.* C'est ainsi que son Milord Axminster avait joint les mains de Cleveland à celles de sa fille Fanny. Beaurieu avait de plus nobles précurseurs encore, voire même des esprits comme celui de Milton tout pleins de la Bible et grondant contre les contraintes de la loi humaine. N'y avait-il pas comme un rappel d'Adam et Ève dans la consommation des amours du héros et de sa Julie?

A partir de ce moment commence l'éducation artificielle d'*Ariste* (le meilleur des hommes). C'est le nom qu'Euphémon a donné à son vertueux gendre. Après quelques façons (car à quoi bon les paroles quand les gestes sont si expressifs et si doux?), Ariste se laisse enseigner le français par sa jeune femme. Le pédagogue qui est en Beaurieu se manifeste ici par l'invention d'une méthode nouvelle—et sûrement très savoureuse—pour l'enseignement pratique des langues. Écoutez son élève :

« Euphémon résolut de m'apprendre sa langue, c'est-à-dire le français ; mais il se fût donné pour y parvenir beaucoup de peine en pure perte, si le besoin, et peut-être plus encore l'amour, ne m'avoient enfin persuadé de profiter de ses leçons. Il appeloit quelquefois sa fille et, dès qu'il avoit prononcé le mot *Julie,* elle répondoit *me voici.* Ces nouveaux sons me parurent si doux qu'ils me firent presque oublier *qu'on l'laisse en r'pos.* A tous moments, je disois d'une voix mâle *Julie* et je répondois en l'élevant et en l'adoucissant *me voici.* Cela amusoit ma jeune épouse et son père. Je riais de les voir rire.

Un jour, après que nous eûmes dîné, Julie se mit en tête de faire avec moi le petit dialogue que l'on va voir. Plût à Dieu que les amants n'en eussent jamais su d'autres ! Cela vaudroit mieux que toutes les fadeurs qu'ils se disent. Elle me prend les mains, me baise et me dit d'un ton qui imitoit celui de son père *Julie, je t'aime* ; je répète aussitôt *Julie, je t'aime, je t'aime*; elle met sa main sur ma bouche et me dit de sa voix ordinaire, *Ariste, je t'aime*; elle ajoute en grossissant la voix et en m'interrogeant, *M'aimes-tu beaucoup?* Elle ôte sa main de dessus mes lèvres; je répète du même coup *m'aimes-tu beaucoup?* Elle répond en m'empêchant encore de parler, *oui, mon ami, beaucoup, oui beaucoup, et toi?* Puis, reprenant un ton mâle et me rendant la liberté, *Oh, beaucoup, beaucoup!* et je répète *Oh, beaucoup, beaucoup!*

En trois leçons, qui ne durèrent ensemble qu'un quart d'heure, j'appris ce dialogue avec les tendres inflexions qui doivent l'accompagner. Je payai ma maîtresse de langue de plus de baisers que je n'avois prononcé de lettres et en bonne justice ce n'étoit pas assez la payer. Cependant elle me les rendit tous comme s'ils ne lui avoient pas été dus. Que le commerce de l'amour est beau! qu'il est généreux!»

Pourtant ce savoir nouveau faillit lui causer une peine cruelle, le jour où un écho répétant après lui *Julie, je t'aime*, lui infligea sa première torture de jalousie. Mais il faut glisser sur cette scène ainsi que sur mainte autre également curieuse, et entre plusieurs chapitres mémorables faire un choix. Citons celui où Ariste, pour couronner son «cours de philosophie», s'abîme dans l'adoration de l'Être suprême:

«Euphémon et Julie me voyoient avec un plaisir bien délicat, bien digne d'aussi belles âmes, tantôt lever mes mains vers Dieu, tantôt me prosterner, l'adorer, et en lui montrant ces deux autres moi-même, le remercier de ce que je les avois trouvés. Une chose seulement les inquiétoit; je cherchois toujours le soleil, ils craignoient que ce fût à lui seul que j'adressasse mes hommages; ils affectoient de lui tourner le dos en priant, pour voir ce que j'en penserois; je n'en étois pas content, et je ne les imitois pas. Enfin, le bon Euphémon qui jusques là n'avoit pas encore osé me parler de Dieu, et ne m'avoit fait nommer (en les nommant) que les êtres qui frappoient mes yeux, tels que le ciel, le soleil, la terre, la mer, etc., me conduisit sur un rocher fort élevé. Là, de ses tremblantes mains, il prend une des miennes, il la sert (*sic*) tant qu'il peut, il me jette un regard tendre, il verse des larmes, il lève au ciel la main qui lui restoit libre, et d'un ton qu'il n'est pas possible d'exprimer, mais qui se fait si bien entendre au cœur, il me dit : DIEU. ... Je me sens pénétré de respect, je regarde Euphémon : ses larmes font couler les miennes, je rêve un moment, je demeure immobile... ce n'est point le ciel qu'il me nomme et cependant je ne vois que le ciel ; il me nomme donc le grand Être que j'adore... oui, c'est lui, je viens de lire son nom dans l'âme de mon père, tandis que sa bouche le prononçoit... Après ce monologue intérieur, je saisis avec un saint transport Euphémon et Julie et je leur dis, en leur montrant les êtres que je nomme : « Euphémon... Julie ... Ariste... mer... terre... arbres... rochers... ciel... soleil... Dieu. » Cette profession de foi étoit claire : ils la comprirent sans peine. Nous nous prosternâmes ensemble du côté opposé au soleil. »

Après avoir atteint une telle cîme l'histoire ne peut plus que redescendre en des climats plus tempérés. Le jour vient où le père d'Ariste se présente pour chercher son fils et le ramener en Europe. Willams ne paraît éprouver aucune déception en voyant compromise par le hasard l'éducation toute solitaire qu'il avait voulu donner à son enfant. Il le trouve marié, vivant en société, parlant le français, et il se déclare ravi. Il s'applaudit de tout ce qu'il a fait. Ariste voyage alors en Europe pour juger en homme libre et sain les merveilles et aussi les fléaux de la civilisation. Il est plus attristé qu'ébloui par ce spectacle. Il lui tarde de revenir dans son île. Il y ramène, avec sa propre famille, plusieurs émigrants éprouvés qui ont résolu de fonder enfin une société naturelle. Ariste est le chef tout indiqué du nouvel État. Il rédige le code qui doit faire le bonheur de ses compagnons, puis, après avoir solennellement brûlé sa plume et proscrit les arts d'imprimer et d'écrire, il consacre sa vie entière à l'application des lois qu'il a promulguées.

Le troisième volume de l'édition d'Amsterdam de 1771

(celle dont je me suis servi pour mon analyse) est tout entier empli par la description des institutions sociales qu'Ariste a introduites dans son île, « l'Isle de la Paix ». Merveilleuse conséquence de sa libre éducation naturelle! Il tire de son expérience l'idée d'une république à la Lycurgue où les travaux agricoles remplacent d'ailleurs les soins guerriers. La nature, prise pour guide, lui inspire de bâtir une ville carrée et régulière comme un échiquier, faite de maisons toutes pareilles et symétriquement posées, où les mêmes heures sont employées aux mêmes usages par tous les habitants, où l'éducation des enfants (bien qu'il déclare ne vouloir point gêner leur liberté) est en fait l'objet de soins si minutieux et de règlements si précis, de précautions si tracassières et d'honnêtes supercheries si indiscrètes, qu'elle ferait presque regretter « les geôles de jeunesse captive » dont se plaignait Montaigne.

Si cette contradiction nous choque, n'imputons pas pour cela à Beaurieu un illogisme qui lui serait particulier. C'est le propre de tous les utopistes, dans leur effort pour égaliser les hommes et assurer leur bonheur, d'instituer une tyrannie. Platon est à cet égard le grand modèle et le premier responsable. Thomas Morus a suivi son exemple dans son livre fameux dont Beaurieu se réclame, dont il déclare s'inspirer, quand il nous dit que les lois d'Aristie (la cité fondée par Ariste) seront à peu près les mêmes que celles de l'Utopie, « cette belle et heureuse république imaginée par Thomas Morus ». Une effrayante monotonie règne dans tous ces États sortis de l'imagination d'un seul homme, fût-ce un homme de génie. A ce qui fut la création successive de forces innombrables et mystérieuses, se substitue la conception d'une intelligence unique, donc nécessairement rectiligne, pauvre, et limitée. A l'incessant mouvement d'une chose vivante qui change et se développe succède l'immobilité d'un plan parfait qui ne doit plus être modifié et qui désole par ce qu'il a de fixe et d'invariable non moins que par ce qu'il a d'uniforme.

Ce qui distingue l'Aristie des autres cités imaginaires, c'est ce qu'elle doit aux goûts champêtres de l'auteur, tout plein de réminiscences de Virgile, du jésuite Vanière, ce poète latin moderne dont le *Praedium rusticum* avait alors un éclatant succès, de Thomson, le chantre des *Saisons*, et aussi des *Idylles* de Gessner. Beaurieu n'était rien moins qu'un ignorant. Il avait une certaine culture, et sa cervelle, si elle n'était pas très solide, était meublée de lectures bucoliques comme celle de Don Quichotte l'avait été de romans de chevalerie.

A coup sûr son roman est caractéristique. S'il est surtout à conseiller aux lecteurs en quête d'un livre qui les déride, il faut se garder d'imputer à l'auteur le moindre dessein de caricature. Tour à tour sentimental et solennel, sérieux et convaincu toujours, Beaurieu a été lu sérieusement, soyons-en assurés, par beaucoup de ses contemporains. Huit éditions de 1763 à 1794 (dont l'une fut mise sous le nom de Rousseau) attestent la popularité de son livre. Celui-ci mérite de demeurer comme le plus curieux monument peut-être de l'universelle duperie que le mot *nature* fit subir à un siècle. Il ne nous déplaît pas de nous dire en le lisant que nos pères étaient vraiment bien jeunes et bien naïfs, et que nous sommes nous-mêmes plus avisés. Ce n'est pas nous, n'est-ce pas? qui autoriserions jamais nos désirs et nos chimères en les mettant sous le patronage de quelque grand vocable mystérieux. Aussi sourions-nous avec complaisance en songeant aux illusions du temps jadis.

Printed in England at the Oxford University Press

www.ingramcontent.com/pod-product-compliance
Ingram Content Group UK Ltd.
Pitfield, Milton Keynes, MK11 3LW, UK
UKHW020534180726
13839UKWH00006B/2501